Töpfern
für Haus und Garten

Angelika Massenkeil

Töpfern

für Haus und Garten

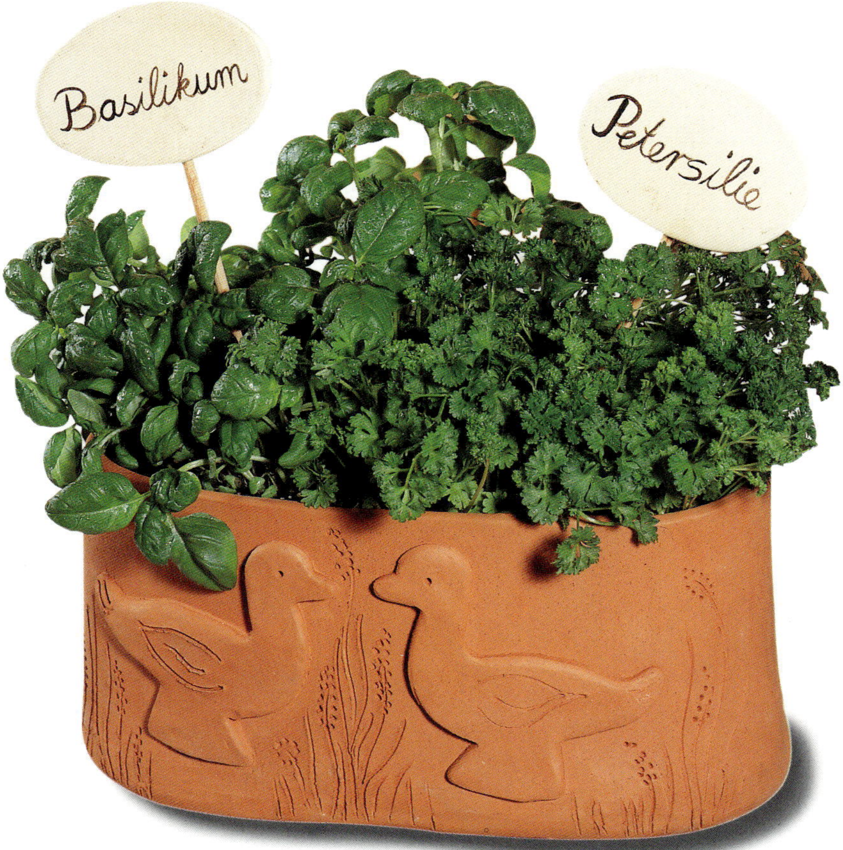

Die Deutsche Bibliothek – CIP-Einheitsaufnahme
Töpfern für Haus und Garten/Angelika Massenkeil. – Wiesbaden: Englisch, 1997
ISBN 3-8241-0752-X
© by F. Englisch GmbH & Co Verlags-KG, Wiesbaden 1997
ISBN 3-8241-0752-X

Titelfoto: Frank Schuppelius
Printed in Spain

Inhaltsverzeichnis

Vorwort

Töpfern ist eine der ältesten handwerklichen Tätigkeiten der Menschheit und begeistert auch heute noch den "modernen Menschen".

Das Töpferhandwerk mit all seinen Facetten zu erlernen, erfordert eine jahrelange Ausbildung, allein das Drehen auf der Töpferscheibe, so spielend einfach es auch anmutet, erfordert eine mehrjährige disziplinierte Schulung.

Der Hobbytöpfer hat es da einfacher. Er kann sich unbekümmert einfache Techniken der Aufbaukeramik aneignen, und, wenn er der Versuchung widersteht, käufliche Ware zu kopieren, wird er von seinem ganz persönlichen Werk angespornt, weitere Ideen in die Tat umzusetzen.

Aus meinen Töpferkursen weiß ich, dass es viele Hobbytöpfer gibt, die über die üblichen Vasen und Schalen hinaus gerne größere Keramiken arbeiten würden. Viele trauen es sich dann aber nicht zu, weil sie bereits bei kleineren Formen nicht zu dem von ihnen gewünschten ebenmäßigen Ergebnis kamen. Obwohl die Kursteilnehmer immer mit Freude und Eifer bei der Sache sind, habe ich die Erfahrung gemacht, dass es meistens schwerfällt, eigene Ideen zu verwirklichen. Selbstständiges Arbeiten zu Hause scheitert oft an der fehlenden Anregung und daran, dass man den Weg des technischen Aufbaues nicht findet.

Mit meinen Arbeiten möchte ich alle Hobbytöpfer, die bisher bei größeren Objekten unsicher waren, ermutigen und Ihnen in detaillierten Schritt-für-Schritt-Anleitungen Hilfestellung geben.

Gerade Tonplatten, die zum Herstellen von größeren Gefäßen und figürlichen Formen dienen, bieten dem Hobbytöpfer vielfältige Gestaltungs- und Variationsmöglichkeiten. Deshalb wurden diesem Thema auch viele Beispiele gewidmet.

Perfekt rundgetöpferte Arbeiten wie etwa die Gartenkugeln können Sie mit Hilfe von Gipshalbschalen mühelos anfertigen und durch einfaches Abwandeln immer wieder neu gestalten.

Grundwissen zum Arbeiten mit Ton

Wer mit Ton arbeitet, sollte wissen, was **Ton** eigentlich ist. Ton ist ein natürlich vorkommendes Material.

Es ist ein bildsames Mineral, das aus magmatischem Gestein im Laufe von Millionen von Jahren durch einen geologischen Verwitterungsprozess entstanden ist. Sobald wir Ton hohen Hitzegraden aussetzen, verwandeln wir ihn wieder zurück in ein gesteinsähnliches Material.

Neben vielen anderen Bestandteilen enthalten Tone verschiedene Metalloxyde. Das ist für den Töpfer insofern von Bedeutung, als er über eine große Auswahl von Tonsorten verfügen kann. Es gibt weiße, rote, lederfarbige, braune, schwarze und auch graue Tone. Ein stark eisenoxydhaltiger Ton hat eine hochrote Brennfarbe, hohe Anteile von Manganverbindungen färben den Ton braun bis schwarz.

Hinsichtlich der variablen Teilchengröße unterscheiden sich die Tone auch in ihrer Plastizität, je kleiner die Teilchen, desto plastischer ist der Ton. Man spricht daher auch von fettem oder **plastischem** Ton und – im Gegensatz dazu – von **magerem** oder unplastischem Ton. Das hat mit einem wirklichen Fettgehalt nichts zu tun. Der fette oder plastische Ton fühlt sich glatt und geschmeidig an und ist sehr bildsam. Der magere Ton fühlt sich rau und stumpf an und ist weniger bildsam.

Gewisse Zusätze können die Verarbeitbarkeit des Tons verbessern. Ein gebräuchlicher Zusatz ist Schamotte (auch Magerungsmittel genannt).

Schamotte ist in verschiedener Körnung gemahlener, bereits gebrannter Ton. Er wird dem plastischen Ton beigemischt, um ihm eine größere Stabilität zu verleihen und ihn luftdurchlässiger zu machen, sodass die Gase beim Brennen gut entweichen können. Die Zugabe von Schamotte bewirkt außerdem eine Verringerung der Schwindung des Tons beim Trocknen, was sich positiv auf ein eventuelles Verzieren und Reißen beim Trocknen auswirkt.

Schlicker ist ein mit Wasser angemachter Tonbrei, der wie ein „Klebstoff" lederharte und/oder plastische

10 kg Tonhubel original verpackt; daneben 10 kg Ton mit einer Wandung von 1 cm Stärke geformt und mit verschiedenen Glasuren dekoriert

Tonstücke miteinander verbindet. Der Schlicker muss aber aus demselben Ton wie das Werkstück sein. Es gibt verschiedene Methoden, Schlicker anzurühren. Man kann kleine nasse Tonstückchen mit Wasser so lange verrühren, bis sie cremig sind; einfacher ist es jedoch, ein Stück Ton auszurollen, dieses trocknen zu lassen und es zu zerkleinern, sodass Tonmehl entsteht. Dieses Tonmehl lässt sich mit Wasser leichter verrühren als frischer Ton. Ich lege dazu die getrocknete Tonplatte in eine feste Plastiktüte und rolle mit dem Rollholz darüber, bis die Platte fein zerkrümelt ist.

Der Berufstöpfer kann seinen Ton selbst aufbereiten. Für Hobbytöpfer empfiehlt sich jedoch der **Kauf von fertigen Massen**. Sie erhalten diese fertigen Massen in Geschäften für Keramikbedarf in verschiedenen Tonfarben und Körnungen. Er ist in der Regel in 10-kg-Hubeln abgepackt und in einer stabilen und gut verschlossenen Plastiktüte verpackt. So verpackt und im Keller frostfrei gelagert, können Sie den Ton jahrelang aufheben.

Für die im Buch gezeigten Arbeiten wurde gebrauchsfertiger Ton mit 25 % Schamotte-Anteilen, Körnung 0-0,5 mm (Typ 2505) und mit einer Körnung von 0,5-1,0 mm (Typ 2510), in den Farben Weiß, Rot und Schwarz aus dem Westerwald verwendet.

Der Arbeitsplatz

Der Arbeitsplatz kann entweder in einem hellen Eckchen in der Küche oder, im Idealfall, in einem separaten Raum, den man sich als Werkstatt herrichten kann, sein. Hat man einen eigenen Raum, kann man begonnene Arbeiten stehen lassen und jederzeit daran weiterarbeiten; denn es geht schon manchmal rein technisch nicht, die Arbeit an einem Stück zu beenden. Der Arbeitstisch selbst sollte sehr stabil und möglichst groß sein. Ausreichende Stabilität ist wichtig, damit der Tisch das Gewicht des Tones und der Ränderscheibe aushält.

In ein Regal aus Holzrosten können Sie Ihre Objekte zum Trocknen hineinstellen.

Günstig sind ein Wasseranschluss und ein Waschbecken in der Werkstatt. Obwohl die Aufbaukeramik wesentlich weniger Staub hinterlässt als das Arbeiten an der Drehscheibe, macht auch hier der Staub Schwierigkeiten. Daher ist es günstig, wenn der Raum mit einem feucht abwischbaren Bodenbelag, z. B. Fliesen oder Holz, ausgestattet ist.

Beim Töpfern fallen oft Tonkrümel zu Boden oder beim Glasieren lassen sich Glasurspritzer auf dem Boden nicht vermeiden. Durch Schuhe und auch Schürze trägt man diesen Schmutz oft durch die ganze Wohnung.

Legen Sie daher beim Verlassen Ihrer Werkstatt Ihre Schürze ab und wechseln Sie Ihre Schuhe. Befindet sich Ihre Werkstatt in einem Durchgangszimmer, so legen Sie am Ein- und Ausgang einen feuchten Lappen zum Schuheabtreten auf den Boden.

Das Licht spielt beim Gestalten eine große Rolle. Am idealsten ist Tageslicht, direkte Sonneneinstrahlung sollte man jedoch vermeiden. Richten Sie die künstliche Beleuchtung so ein, dass Ihre eigenen Hände keinen Schatten auf Ihre Arbeit werfen.

Werkzeuge und andere Hilfsmittel

Ein großer Vorteil der Aufbautechnik ist, dass man sich auf wenige Werkzeuge beschränken kann, denn die wichtigsten „Werkzeuge" sind die Hände.

Dennoch braucht man als Grundausstattung:
◆ einige Pressspan- oder Sperrholzbretter in verschiedenen Größen als Arbeitsunterlage, Kunststoff-

platten oder beschichtete Span-
platten sind ungeeignet, da der
Ton daran festklebt
- ◆ Tonschneidebügel oder
  Schneidedraht
- ◆ Modellierhölzer in verschiedenen
  Ausführungen
- ◆ Modellierschlingen zum
  Aushöhlen und Abtragen
- ◆ Rollholz (Nudelholz)
- ◆ Schaschlikstäbchen
- ◆ Kochlöffel mit langem Stiel
- ◆ Gabel und spitzes Messer
- ◆ Kunststoff-Teigschaber ohne Stiel
- ◆ Maßband und evtl. Zirkel
- ◆ Ausstechförmchen
  (vom Plätzchenbacken)

- ◆ eine Töpferränderscheibe ist
  praktisch, aber nicht unbedingt
  notwendig
- ◆ Gipsformen
- ◆ Halbkugelform,
  15 cm Durchmesser
- ◆ große Tellerform
- ◆ Schleifpapier, grobe Körnung

Da ich ausschließlich mit fertig an-
gerührten Glasuren glasiere, benötigen Sie zum **Glasieren** nur Borstenpinsel in verschiedenen Stärken sowie einen feinen Haarpinsel und
einen Schwamm.

Ratschläge im Umgang mit Ton

Der im Kunststoffbeutel gekaufte 10-kg-Hubel Ton ist gebrauchsfertig, das heißt, er bedarf keiner weiteren Bearbeitung mehr. Sie können sofort damit töpfern. In fast allen Töpferhandbüchern gehen die Verfasser von selbst aufbereitetem Ton aus und empfehlen vor der Verarbeitung ein gründliches Kneten und Schlagen des Tons. Kursteilnehmer sind fast immer verblüfft, wenn ich sie beim Schlagen des Tons unterbreche, denn gerade das, was man herausschlagen will, nämlich Lufteinschlüsse, knetet man meistens hinein.

Bereitet man eingetrockneten Ton wieder mit Wasser auf, dann ist gründliches Kneten und Schlagen unerlässlich. Nur so kann man erreichen, dass der ganze Tonbatzen durch und durch homogen ist. Allerdings ist das Wiederaufbereiten des Tons recht mühsam.

ßend das Loch zum späteren Aufstecken. Wenn dieser Ton etwas angetrocknet ist, können Sie ihn durch Einschlagen in ein nasses Tuch wieder weich bekommen, ist er sehr trocken, können Sie mit einem Rundholz Löcher hineinbohren, diese mit Wasser auffüllen und den Ton so wieder geschmeidig machen. Völlig ausgetrocknete Masse können Sie mit dem Hammer zerkleinern und in kleinen Mengen in nassen Lappen wieder aufweichen.

Aus diesem wiederaufbereiteten Ton muss vor der Verarbeitung sorgfältig die Luft herausgeschlagen und geknetet werden.

Ton ist plastisch, solange er feucht genug ist. Wenn Sie ein angefangenes Werkstück erst am nächsten Tag fertigstellen wollen, können Sie es bis dahin feuchthalten, indem Sie es mit Wasser aus einer Sprühflasche

Kleine Tonabfälle gebe ich in den Schlickerbehälter, **größere Tonabfälle**, die beim Arbeiten anfallen, sammle ich in einem sauberen Kunststoffeimer mit Deckel (für jede Tonfarbe separat). Aus einem frischen Tonrest können Sie eine Wulst formen, sie mit den Händen dünn ausrollen (fingerdick, ca. 20 cm lang), mit den Fingerspitzen vorsichtig plattdrücken und zur Rose aufrollen. Einzelne Blütenblätter können Sie noch etwas ausformen, indem Sie sie nach hinten biegen. Mit einem Bleistift formen Sie abschlie-

besprühen und in eine dünne Plastikfolie einwickeln.

Größere Stücke sollten Sie langsam aufbauen, denn nur so kann man sie vor dem Zusammensacken bewahren. Lassen Sie den unteren Teil Ihrer Arbeit einige Stunden antrocknen, decken Sie aber unbedingt den Rand, auf dem Sie später weiter aufbauen wollen, mit dünner Folie oder Zeitungspapier ab, damit dieser nicht zu trocken wird.

Bereits beim Formen des Tons sollte man auch an das Trocknen der Arbeit denken. Tonwandungen von unterschiedlicher Dicke schwinden (trocknen) in unterschiedlichen Zeitspannen, was Risse verursachen kann. Deshalb sollte man z. B. bei einem Gefäß den Boden nicht dicker als die Wände, oder umgekehrt, ausarbeiten. Auch sollte der Boden des Gefäßes nicht auf der Unterlage festhaften, er sollte sich vielmehr darauf bewegen können.

Alle Tonobjekte müssen hohl sein.
Aber Skulpturen und Tierplastiken lassen sich – aufgrund der Form – oft besser aus einem Stück Masse formen. Mit dieser Methode lassen sich die verschiedenartigsten Gebilde realisieren und man kann sie gut bearbeiten. Das fertige, etwas angetrocknete Objekt schneidet man in zwei Hälften und höhlt diese mit einer Schlinge aus, dabei achtet man darauf, dass die Wandung der Figur möglichst gleichmäßig ausfällt. Die Schnittflächen werden nach dem Aushöhlen angeraut, geschlickert und unter Druck wieder zusammengepresst. Anschließend wird die Fuge mit einem Modellierhölzchen versäubert.

Kugelformen oder in sich geschlossene kompakte Formen sind beim Trocknen sehr unkompliziert, sollten aber auch langsam unter Zeitung getrocknet werden.

Das Trocknen

Genauso wichtig wie das Feuchthalten des Tons bei der Arbeit ist das langsame und gleichmäßige Trocknen des fertigen Werkstückes. Beim Trocknen verdunstet das Wasser aus dem Ton, die Tonteilchen werden näher zusammengezogen; dadurch verringert sich das Volumen des Werkstückes um ca. 10 %.

Für den Trocknungsgrad des Tons kennt man die Begriffe:

Lederhart
Lederhart bezieht sich auf den Zustand, in dem der Ton leicht angetrocknet, jedoch noch feucht ist. Der Ton lässt sich noch eindrücken, aber nur noch wenig biegen. Der lederharte Ton lässt sich polieren und wie Leder schneiden. Gerade in der Plattentechnik arbeitet man oft mit lederhartem Ton.

Knochentrocken
Knochentrocken ist der Ton, wenn er an der Luft völlig ausgetrocknet ist. Er lässt sich dann nicht mehr formen. Man kann ihn jedoch mit Schmirgelwerkzeugen bearbeiten. Knochentrockener Ton ist sehr

bruchempfindlich; man muss in diesem Stadium mit den fertigen Werkstücken sehr vorsichtig umgehen. Das gilt insbesondere, wenn man die Werkstücke zum Brennen weggeben muss.

Die Dauer des Trocknens fertig gearbeiteter Werkstücke hängt von verschiedenen Faktoren ab: von der Raumtemperatur, der Luftfeuchtigkeit und vor allem von der Größe und der Stärke der Wandung und nicht zuletzt auch von der Form des Werkstückes.
Lassen Sie Ihre Werkstücke besser in einem Keller trocknen als in einem beheizten Zimmer.
Stellen Sie die fertige Arbeit auf ein Pressspanbrett ins unterste Regal und decken Sie die oberen offenen Ränder sorgfältig mit Zeitungspapier oder dünner Folie ab, denn die Werkstücke trocknen von oben nach unten. Das bedeutet, wenn Sie es nicht abdecken würden, würde z. B. bei einem Gefäß der obere Teil der Wandung schon trocken sein, während

der Boden, da sich auch das Wasser hier sammelt, noch sehr nass ist. Das führt zwangsläufig zu Trocknungsrissen. Abstehende Teile, z. B. Henkel, dünne aufgesetzte Blätter usw., müssen bis zum völligen Trocknen zusätzlich mit weichem Küchenkrepp vor zu schnellem Austrocknen geschützt werden.
Wenn Gefäße lederhart sind, können sie sich nicht mehr verformen. Deshalb muss man sie zum Trocknen des Gefäßbodens auf den Kopf stellen.

Reliefs, Schalen und Platten verziehen sich beim Trocknen sehr leicht, sie müssen deshalb gut mit Zeitungspapier auch über den Rand des Werkstückes hinaus abgedeckt werden. Auch sollte man hier die Unterlage, d.h. die Pressspanplatte nach dem Antrocknen vorsichtig entfernen und das Werkstück auf eine trockene Platte umsetzen, damit der Boden des Objekts durch die Nässe in der Pressspanplatte nicht vom Trocknen zurückgehalten wird.

Das Brennen

Wenn Sie einen eigenen Ofen haben, beachten Sie für die Brandführung die Angaben des Herstellers.
Wenn Sie keinen Ofen besitzen, können Sie in Hobbyfachgeschäften oder bei der Volkshochschule nach einem Brennservice fragen.
Es gibt im Handel jedoch schon eine große Anzahl von Hobby-Elektroöfen in verschiedenen Größen, die keine besonderen Anschlüsse vorausset-

zen, auch die Anschaffungskosten sind erschwinglich.

Schrühbrand
Sobald ein Werkstück völlig trocken ist, kann es in den Brennofen gesetzt und gebrannt werden.
Der **Schrühbrand** ist der erste Brand, das Vorbrennen vor dem Glasieren, und erfolgt bei 900 Grad C. Hierbei verwandelt sich der Ton in einen festen, porösen (aber noch

nicht dicht gesinterten) Scherben, auf dem die Glasur gut haftet. Deshalb spricht man bei gebranntem Ton von einem Scherben.

Beim Schrühbrand dürfen die Werkstücke dicht aufeinander gestapelt werden, auch Gefäße mit Deckel können mit aufgesetztem Deckel – oder wie bei den Lichterkegeln können Unter- und Oberteile aufeinandergesetzt gebrannt werden, ohne dass die Gefahr besteht, dass die Teile miteinander verschmelzen. Die größten und schwersten Stücke sollten Sie nach unten setzen und beim weiteren Einräumen auch auf eine ausgewogene Verteilung des Gewichtes achten. Für den Brennverlauf sollten Sie die Angaben des Ofenherstellers beachten.

Das Glasieren

Mit einer Glasur kann man das Aussehen seines Werkstückes sehr verändern; man kann es verbessern, im ungünstigen Fall aber auch verderben. Gerade bei Skulpturen und Tierplastiken sollte man mit Glasuren sehr vorsichtig umgehen. Der Keramikbedarfs-Handel hält eine Vielzahl von Glasuren bereit, die meistens aber noch in Pulverform geliefert werden, der Glasurstaub kann gesundheitsschädlich sein. Man sollte beim Anrühren des Pulvers mit Wasser stets eine Staubmaske tragen. Daher verwende ich ausschließlich fertig angerührte Glasuren. Die Auswahl ist zwar noch nicht so groß wie bei den Pulverglasuren, auch ist der Kg-Preis hier fast doppelt so hoch, aber das sollte einem die eigene Gesundheit und die der Kursteilnehmer wert sein.

Von jeder Glasur sollte man eine Brennprobe mit den Tonen machen, mit denen man arbeitet, denn ein und dieselbe Glasur kann auf weißem oder rotbrennendem Ton völlig anders aussehen.

Brennen Sie die Glasur auf der Temperatur, die der Hersteller empfiehlt, und beachten Sie die Verarbeitungsvorschriften; die meisten Glasuren müssen vor dem Gebrauch gründlich aufgerührt werden.

Schauen Sie sich nun das zu glasierende Werkstück an: Weist es scharfe Ecken und Kanten oder sonstige kleine Unebenheiten auf, können diese jetzt mit grobem Schleifpapier abgeschliffen werden.

Die zu glasierenden Objekte sollten immer staub- und fettfrei sein. Liegt der Schrühbrand schon lange zurück, sollten Sie Ihre Werkstücke vor dem Glasieren einfach abwaschen und gut an der Luft trocknen lassen.

Danach tragen Sie Ihre Glasur auf. Fertig angerührte Glasuren, also Flüssig-Glasuren, werden immer mit einem Borstenpinsel satt aufgetragen, wobei der Boden eines Gefäßes oder die Standfläche einer Plastik nicht mitglasiert werden darf, denn diese würden sonst auf der Ofenplatte festbacken.

Anstelle einer Glasur wähle ich bei Plastiken oder Türschildern oft **Braunstein**. Braunstein ist ein Manganoxid und gibt gerade weißem Scherben ein bräunlich-patiniertes

Aussehen. Sie erhalten ihn in Pulverform und rühren ihn einfach mit Wasser an. Dieses nun schwarz gefärbte „Wasser" wird mit einem Borstenpinsel auf die geschrühte Plastik aufgetragen. Sobald das Objekt trocken ist (es trocknet sehr schnell), wird es mit einem feuchten Schwamm abgewaschen, wobei die dunkle Färbung in den Vertiefungen der Oberfläche erhalten bleibt. Der Glattbrand sollte in diesem Fall wenigstens bei 1080 Grad C erfolgen, weil der Braunstein erst dann seinen schönen bräunlichen Farbton entfaltet, vorher ist er eher dunkelgrau.

Glasur- oder Glattbrand

Der zweite Brand, der Glasur- oder Glattbrand, hat eine höhere Temperatur als der Schrühbrand. Bei diesem Brand verdichtet sich die Masse noch weiter, d.h. der Scherben wird durch nochmaliges Schwinden dichter. Während dieses Brandes schmilzt die aufgetragene Glasur zu Glas, dringt in den Ton ein und verbindet sich ganz und gar damit. Achten Sie darauf, dass Sie auf keinen Fall die für Ihren Ton angegebene Brenntemperatur überschreiten. Ein Überschreiten der Brenntemperatur hat zur Folge, dass der Scherben weich wird und schmilzt.

Zum Einräumen des Ofens für den Glattbrand sollten Sie sich Zeit nehmen, denn der kleinste Fehler kann schlimme Folgen haben. Die Ofeneinsetzplatten sollten mit einem sogenannten Trennmittel gestrichen sein, damit herablaufende Glasur, die daran festbackt, leichter entfernt werden kann. Sie können die Einsetzplatten auch mit Quarzsand bestreuen. Die gefertigten Stücke sollen etwa 1–2 cm auseinander stehen, auf keinen Fall dürfen sie sich berühren, denn sonst backen sie zusammen und sind, ohne Schaden anzurichten, nicht voneinander zu trennen. Stellen Sie die Werkstücke auf Schamotte-Dreifüße, wobei Sie das Gewicht der Stücke ausbalancieren müssen, damit sie nicht kippen. Gerade dekorierte Gartenkugeln müssen sicher stehen, denn sie kippen aufgrund ihrer Gewichtsverteilung gerne um.

Öffnen Sie die Ofentür erst, wenn der Ofen eine Temperatur unter 80 Grad C anzeigt. Sollten Sie die Ofentür bei zu hoher Temperatur öffnen, könnte die Keramik reißen.

Die Plattentechnik

Tonplatten bieten gerade dem Hobbytöpfer vielfältige Gestaltungsmöglichkeiten. Man braucht nur den Rand hochzubiegen und hat im Handumdrehen einen Teller oder eine Schüssel geformt. Eine ausgerollte Platte verlangt geradezu nach einer Dekoration, sei es durch Aufsetzen von geformten Tonteilen (wie Blätter und Schnecke) oder durch Bemalen oder Einritzen eines Musters. Sind die Platten erst einmal lederhart, können sie zu geometrisch-klaren Formen weiterverarbeitet werden.

Anwendungsbeispiel

Tonplatten kann man auf verschiedene Weise herstellen:

a) Platten ausrollen
Schneiden Sie von Ihrem Tonhubel mit dem Schneidedraht ein Stück Ton ab. Legen Sie dieses Stück auf eine Pressspanplatte und bereiten Sie es zum Ausrollen vor, indem Sie es mit dem Handballen von der Mitte aus gleichmäßig nach außen drücken. Drehen Sie den Tonbatzen herum und drücken Sie ihn nochmal von der Mitte aus nach allen Außenseiten.

Denken Sie dabei auch schon an die Form der Platte. Nun ist das Tonstück im Durchmesser größer geworden. Nehmen Sie jetzt Ihr Rollholz (Nudelholz) und rollen Sie von der

Mitte her mit gleichmäßigem Druck den Ton zu den Seiten aus, bis die Tonstärke ca. einen guten Zentimeter beträgt. Während des Ausrollens muss die Tonplatte häufig gewendet werden, damit sie nicht auf der Platte festklebt.

Große Platten verziehen sich gerne beim Trocknen und Brennen; deshalb ist eine Masse mit Schamotteanteil, z. B. 2505, oder bei Platten ab 35 cm Durchmesser 2510 oder 4005 geeignet.

Bei allen abgebildeten Arbeiten wurde diese Technik angewandt.

b) Platten vom Blätterstock abschneiden

Nur wenn Sie viele Tonplatten derselben Stärke benötigen, lohnt es sich, einen Blätterstock aufzuschlagen. Sie benötigen dazu mehrere Holzleisten von ca. 1 cm Stärke. Die Stärke der Holzleisten bestimmt die Stärke der Tonplatte. Stapeln Sie diese links und rechts von Ihrem Tonballen gleichmäßig übereinander. Jetzt können Sie mit dem Schneidedraht die Tonplatten vom Block abschneiden.

c) Platten zwischen Holzleisten auswalzen

Hier legen Sie ein Stück Ton zwischen zwei ca. 1 cm starke Holzleisten auf eine Pressspanplatte. Auch hier bestimmt die Dicke der Holzleisten die Stärke der Tonplatte. Rollen Sie nun mit dem Rollholz solange über den Ton, bis der Ton nicht mehr dicker ist als die Leisten hoch sind. Auch hier muss der Ton immer wieder gewendet werden.

Anwendungsbeispiele

1. Vogeltränke

ca. 30 cm Durchmesser

Material:
◆ rotbrennender Ton, Typ 2505
◆ Flüssig-Glasur Kosmos (Blau) und Aquarius (Grün)

Anleitung:
Rollen Sie ein ca. 5 cm starkes Tonstück wie oben unter a) beschrieben aus.
Wenn Sie den Ton nicht von der Mitte her, sondern, wie es oft immer wieder falsch gemacht wird, nur von einer Seite zur anderen rollen, dehnt sich die Masse nicht gleichmäßig, und die Gefahr, dass die Platte sich beim Trocknen verzieht und reißt, ist groß.
Eventuell entstandene Luftblasen stechen Sie mit einem Schaschlikstäbchen auf und rollen mit dem Rollholz noch einmal vorsichtig darüber.
Schneiden Sie nun mit einem spitzen Messer die Form der Vogeltränke aus. Soll die Form rund sein, können Sie einen leichten Plastikdeckel als Schablone nehmen. Einen schweren runden Gegenstand sollten Sie als Schablone nicht nehmen, da dieser auf der Tonplatte Abdrücke hinterlässt. Sehr reizvoll ist es aber auch, die zufällig entstandene Form nur leicht zu korrigieren. Es muss nicht immer kreisrund sein.
Die Tonplatte hat jetzt durch das Schneiden scharfe Kanten, die nach dem Brennen die Hände verletzen können. Drücken Sie deshalb die Kanten vorsichtig und nur ein wenig flach, damit die scharfe Linie gebrochen wird. Wenden Sie die Platte und verfahren Sie mit der Rückseite ebenso. Eventuell aufgeplatzte Ränder der Tonplatte können mit den Fingern wieder glattgestrichen werden.

Formen Sie nun aus einem Handtuch oder mehreren Lagen Küchenkrepp oder Seidenpapier eine Stütze für den Rand der Vogeltränke. Zeitungspapier sollten Sie nicht verwenden, da es auf dem Ton unschöne Abdrücke hinterlässt.

Legen Sie nun ein weiches Tuch oder einige Blätter Küchenkrepp auf den Stützring und setzen Sie Ihre Tonplatte vorsichtig darauf. Gestalten Sie den Rand nach Ihren Vorstellungen, lassen Sie ihn so, wie er ist, oder formen Sie einige Wellen hinein.

Stellen Sie Ihr Werkstück nun zur Seite und rollen Sie aus einem Stück Ton eine Platte für 2 Blätter aus. Rollen Sie diese Platte dünner aus, damit die Blätter nicht so plump wirken. Sie können echte Blätter mit leichtem Druck auf der Platte abrollen und diese ausschneiden; falls Sie jedoch keine Blätter zur Hand haben, fertigen Sie zuerst eine Papierschablone an und schneiden danach die Blätter aus. In jedem Falle müssen Sie die Kanten der Blätter glätten und leicht wellen, sodass sie natürlich aussehen.

Als nächstes formen Sie das Schneckenhaus: Nehmen Sie dazu ein etwa 5 x 5 x 5 cm großes Stück Ton, formen Sie es zur glatten Kugel und rollen diese dann zu einer konisch zulaufenden, etwa 15 cm langen Rolle aus. Vom dünnen Ende her rollen Sie die Rolle langsam in Schneckenhausform auf. Dehnen Sie die Rolle dabei nicht in die Länge, denn sonst bilden sich leicht Risse, schieben Sie sie eher beim Aufrollen zusammen. Formen Sie den Schneckenkörper ebenfalls aus einer Rolle von gleichmäßiger Stärke mit einem Durchmesser von ca. 1,5 cm

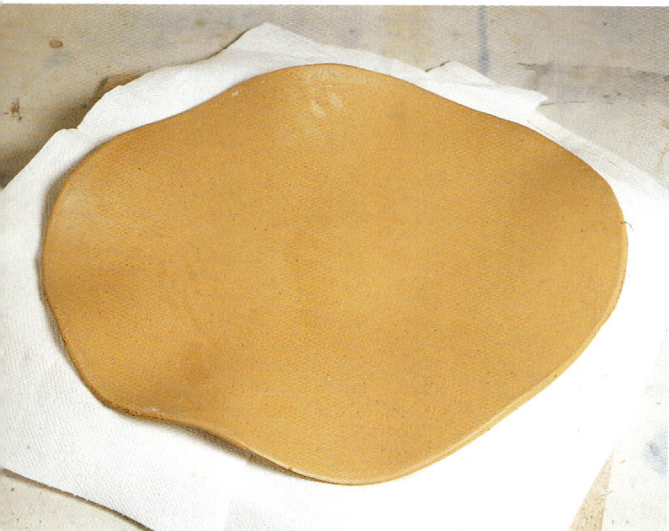

Konisch geformte Tonrolle

Breite und 12 cm Länge. Zwei kleine Kügelchen zu konischen Rollen aufgerollt, bilden die Hörner.

Arbeiten Sie Schneckenhaus und Körper aneinander, indem Sie die Ansatzstelle von Haus und Körper mit der Gabel anrauen, mit Schlicker bestreichen und die Teile fest zusammendrücken. Eventuell hervorquellenden Schlicker verstreichen Sie mit dem Modellierholz. Biegen Sie nun den Schneckenkopf hoch und formen Sie ihn zwischen Daumen und Zeigefinger vorne etwas spitz zu. Befestigen Sie die Hörner mit etwas Schlicker fest auf dem Kopf. Der Schneckenkörper sieht natürlicher und schwungvoller aus, wenn Sie ihn wie ein „S" verbiegen.

Zum Schluss befestigen Sie die Blätter und die Schnecke auf der Vogeltränke, indem Sie die Ansatzstellen der aufzusetzenden Teile und der Tränke aufrauen, mit Schlicker bestreichen und dabei fest andrücken. Verstreichen Sie die Nahtstellen sorgfältig und vermeiden Sie Lufteinschlüsse, damit die Schnecke beim Brennen nicht abplatzt.

Decken Sie nun Ihre Arbeit mit zwei Lagen Zeitungspapier ab und stellen Sie sie ins unterste Regalfach zum Trocknen. Kontrollieren Sie den Trocknungsprozess am nächsten Tag. Ist der Ton an den Rändern schon heller als in der Mitte, so decken Sie die Ränder

doppelt ab, während Sie in die Mitte der Zeitungen ein Loch reißen, sodass der Boden besser trocknen kann.

Am darauffolgenden Tag stellen Sie die Tränke auf eine trockene Pressspanplatte und entfernen den stützenden Papierring. Geben Sie die Tränke auf den nächsthöheren Regalboden. Nach etwa 10 Tagen müsste das Werkstück trocken sein und Sie können es in den Schrühbrand geben.

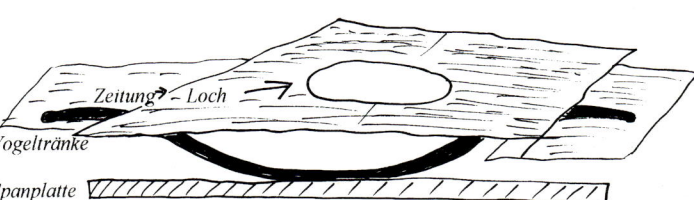

Variation: *Auf einer Tonplatte lässt sich eine dekorative Oberflächenstruktur erzielen, wenn Sie z. B. ein Stück Spitze, ein Stück Sackleinen, oder einen netzartigen Belag darauf abrollen.*

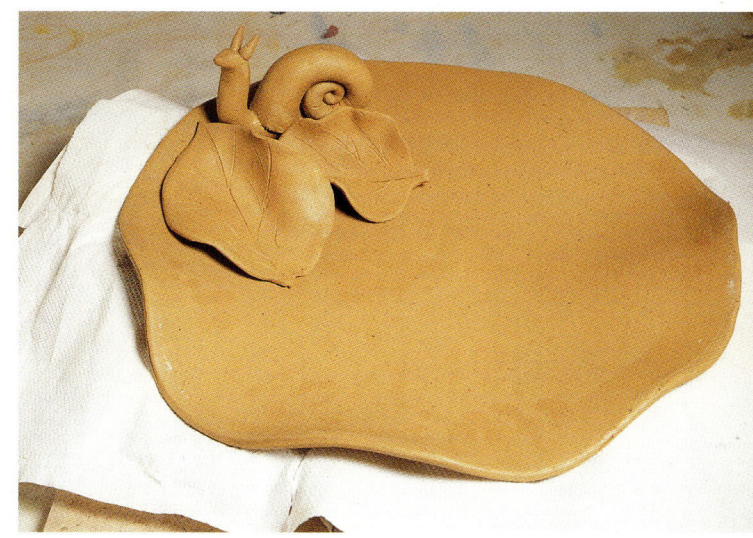

2. Lichterkegel

Höhe ca. 18 cm, Durchmesser ca. 13 cm

Material:
◆ rotbrennender Ton, Typ 2505,
◆ Flüssig-Glasur

Anleitung:
Boden und Wände des Lichterkegels werden mit Hilfe der Schablone 1 einzeln gearbeitet.

Schneiden Sie von Ihrem Tonhubel mit dem Schneidedraht ein ca. 1,5 cm starkes Stück ab. Legen Sie dieses Stück auf eine Pressspanplatte und rollen Sie es mit dem Rollholz von der Mitte zu den Seiten hin zu einer etwa 1 cm starken runden Platte aus. Schneiden Sie die Platte mit Hilfe der *Schablone 1a* (s. S. 62 und 63) rund.

Schneiden Sie von Ihrem Tonhubel einen weiteren Batzen in der Stärke von ca. 5 cm ab. Nehmen Sie jetzt Ihr Ausrollholz (Nudelholz) und rollen Sie von der Mitte her mit gleichmäßigem Druck den Ton zu den Seiten aus, bis die Tonstärke ca. einen guten Zentimeter beträgt. Bedenken Sie dabei auch, dass die Tonplatte auf die *Schablone 1b* (s. S. 63) passen soll. Während des Ausrollens muss die Tonplatte häufig gewendet werden, damit sie nicht auf der Platte festklebt.

Legen Sie nun die *Schablone 1b* auf die Tonplatte und schneiden Sie diese Form mit einem spitzen Messer aus. Lassen Sie beide Tonplatten ca. 2 Stunden offen liegen, damit sie antrocknen und somit etwas stabiler werden.

Stechen Sie nun mit kleinen Ausstechförmchen Figuren aus, wobei Sie aber auf der Unterkante in etwa 3 cm Breite und den zwei seitlichen Rändern in ca. 1 cm Breite keine Figuren ausstechen; das behindert sonst das Zusammenfügen von Boden und Wand.

Rauen Sie alle Ränder mit der Gabel auf.

dem Pinsel Schlicker auf die Seitennaht, drücken Sie zur zusätzlichen Stabilität noch ein dünnes Tonröllchen in die Nahtstelle und verschmieren Sie es gewissenhaft zu beiden Seiten. Dieses Röllchen haftet an beiden Seiten und bildet ein sicheres Verbindungsglied. Diesen Arbeitsgang nennt man auch Verfugen.

Anrauen und Schlickern wird immer dann vorgenommen, wenn lederharter Ton mit plastischem Ton verbunden werden soll und wenn lederharter mit ebenfalls lederhartem Ton verbunden wird. Auch wenn sich die Tonkonsistenz zwischen lederhart und plastisch bewegt, sollte man diese Verbindungsmethode anwenden.

Richten Sie nun die ausgeschnittene Platte wie im Foto gezeigt auf und biegen Sie die Platte so zusammen, dass die beiden kurzen Seitenränder aufeinander treffen. Arbeiten Sie langsam und gleichmäßig, damit die Platte nicht reißt. Streichen Sie mit

Anrauen oder Ankratzen bewirkt zum einen, dass das Wasser an diesen Stellen gut in den Ton eindringen kann und dass die zu verbindenden Stellen besser miteinander verkleben.

Legen Sie das Kegeloberteil nun so

auf die Arbeitsplatte, dass die Nahtstelle auf der Platte liegt. Halten Sie den Kegel mit einer Hand fest und verschmieren Sie die Nahtstelle mit der anderen Hand auf der Innenseite. Rauen Sie nun den äußeren Rand der Bodenplatte auf der Oberseite gründlich an, schlickern Sie und setzen Sie den Kegel mit leichtem Druck auf die Bodenplatte. Herausquellenden Schlicker verschmieren Sie gleichmäßig mit dem Finger und arbeiten zur weiteren Stabilität noch ein dünnes Tonröllchen in die Nahtstelle ein.

Glätten Sie die Naht mit dem Finger. Da man auf der Innenseite des Kegels die Wandung mit dem Boden nicht verschmieren kann, muss man die gerade beschriebenen Arbeitsgänge sorgfältig ausführen.

Nun können Sie mit einem runden Holzstäbchen oder einem Lochstecher, es kann auch ein Apfelausstecher sein, weitere kleine Lichtaustritte in den Kegel hineinstechen, damit die Wandung gleichmäßig ausgeschnitten ist und die Nahtstelle nicht sofort als solche erkannt werden kann.

Legen Sie nun den Kegel mit der Wandung auf die Spanplatte und schneiden Sie von der Bodenplatte eventuelle Unebenheiten am äußeren Rand ab.

nicht in Ihren Tagesablauf, so decken Sie den Kegel mit einer Plastiktüte ab, dann können Sie am nächsten Tag weiterarbeiten. Ist der Kegel lederhart, können Sie ihn, wie auf Seite 32 gezeigt, wellenförmig mit einem spitzen Messer aufschneiden, ohne dass er sich verformt.

Versäubern Sie nun vorsichtig die Schnittstellen, entfernen Sie die Tonkrümel und setzen Sie zum Trocknen beide Teile passgenau wieder zusammen.

Stellen Sie den Kegel ins unterste Regalfach, mit einer Lage Zeitungspapier abgedeckt, zum Trocknen auf. Am nächsten Tag legen Sie den Kegel auf die Seite, damit die Bodenplatte gut trocknet.

Als nächstes muss der Kegel aufgeschnitten werden. Dazu sollte er aber erst etwas antrocknen.

Stellen Sie ihn deshalb ohne Abdeckung für ca. 4 bis 5 Stunden zum Trocknen. Passt diese Zeitspanne

Nach dem vollständigen Trocknen, etwa nach 7 bis 10 Tagen, kann der Lichterkegel geschrüht werden. Der Kegel sollte während der Trocknungszeit alle zwei Tage ein Regalfach höher gestellt werden.

Nach dem Schrühbrand entfernen Sie eventuelle raue Kanten an den Schnittstellen mit grobem Schleifpapier.

Ich habe nur die Kegeloberteile von außen glasiert, damit der Wellenschnitt gut erkennbar bleibt. Stellen Sie das Oberteil beim Glasurbrand auf eine Brennstütze.

Das Unterteil muss aber unbedingt auch in den 2. Brand mit hinein. Würden Sie nur das Oberteil ein zweites Mal brennen, wäre es – durch die Schwindung – nach dem zweiten Brand kleiner als das Unterteil, und die Teile würden dann nicht mehr aufeinander passen.

3. Gartenkugel

Durchmesser ca. 15 cm

Zusammen mit der Vogeltränke ergibt die Kugel einen schönen Blickfang im Vorgarten, auf der Terrasse oder dem Balkon.

Material:

◆ schwarzbrennender Ton, Typ 2505
◆ Flüssig-Glasur Kosmos (Blau)
  für die Kugel
◆ Flüssig-Glasur Aquarius (Grün) für
  die Blätter
◆ Flüssig-Glasur Torrone (Braun mit
  Sprenkeln) für das Schneckenhaus
◆ Flüssig-Glasur Pupurviolett/Perl-
  mutt für die Kugel
◆ Flüssig-Glasur Magnolie/Perlmutt
  für die Rose
◆ Gipshalbschale, 15 cm Ø

Anleitung:

Durch Einformen von Ton in eine
Gipshalbschale ist es möglich, runde
Kugeln oder Gefäße auch ohne
Töpferscheibe zu arbeiten.
Schneiden Sie von dem Tonballen
ein etwa zwei Zentimeter dickes
Stück ab. Biegen Sie dieses Stück in
den Händen schon etwas halbrund.
Das so vorgeformte Tonstück wird
nun in die Gipshalbschale gelegt,
von unten her fest angedrückt und
der Ton wird mit Druck an der Wand

nach oben geschoben. Die Wandstärke soll ca. 1 cm betragen. Sie können dies durch Einstechen mit einem Schaschlikstäbchen prüfen. Die überstehende Tonwand wird mit einem Plastik-Teigschaber oder Modellierholz abgeschnitten. Nehmen Sie hierzu kein Messer, denn damit verletzen Sie leicht die Gipsschale. Der abgesplitterte Gips könnte dann in den Ton eindringen, was beim Trocknen zu Rissen führt.

Glätten Sie nun die Innenseite und achten Sie darauf, dass eine gleichmäßige Randstärke von 1 cm erhalten bleibt, denn das ist die Voraussetzung für ein problemloses Aneinanderfügen beider Halbschalen.

Je nachdem wie nass die Gipsform ist, löst sich der Ton nach ca. 15-60 Minuten aus der Form. Legen Sie ein rundes Küchenbrettchen auf die Öffnung der Halbschale, drehen Sie diese mit dem Brettchen um und stürzen Sie die Form. Die Tonhalbkugel ruht nun ungeschadet auf dem Brett.

dings brauchen Sie diese zweite Halbkugel nicht aus der Form herauszunehmen.

Rauen Sie die Ränder beider Halbkugelformen gut an, tragen Sie Schlicker satt mit dem Pinsel auf und fügen Sie beide Teile mit leichtem Druck zusammen.

Da die Kugel noch nass ist, und damit sie sich bei der weiteren Bearbeitung nicht verzieht, sollte man sie ruhig 2 Stunden in der Form lassen. Danach kann man sie problemlos aus der Form nehmen und die Nahtstelle versäubern. Unebenheiten an der Naht kann man mit dünnen Tonröllchen ausschmieren.

In dieser Zeit arbeiten Sie das Blatt und die Schnecke: Rollen Sie eine dünne Tonplatte für 1 Blatt aus. Beachten Sie, dass das Blatt mit der Größe der Kugel harmonieren muss. Sie können ein Blatt aus der Natur mit leichtem Druck auf der Platte abrollen und dieses ausschneiden; falls

Zeigt die Halbkugelform Unebenheiten oder feine Risse an der Oberseite auf, so verstreichen Sie diese mit den Fingern oder mit dem Teigschaber. Arbeiten Sie nun die zweite Halbkugelform ebenso wie die erste. Aller-

Sie jedoch kein Blatt zur Hand haben, fertigen Sie zuerst eine Papierschablone an und schneiden danach das Blatt aus. In jedem Falle müssen die Kanten des Blattes geglättet und leicht gewellt werden, sodass sie natürlich aussehen.

Als nächstes formen Sie das Schneckenhaus: Nehmen Sie dazu ein etwa 4 x 4 x 4 cm großes Stück Ton, formen Sie es zur glatten Kugel und rollen diese dann zu einer konisch zulaufenden, etwa 12 cm langen Rolle aus. Vom dünnen Ende her rollen Sie die Rolle langsam in Schneckenhausform auf. Dehnen Sie die Rolle dabei nicht in die Länge, denn sonst bilden sich leicht Risse, schieben Sie sie eher beim Aufrollen zusammen. Formen Sie den Schneckenkörper ebenfalls aus einer Rolle von gleichmäßiger Stärke mit einem Durchmesser von ca. 1 cm und 10 cm Länge. Zwei kleine Kügelchen zu konischen Rollen aufgerollt, bilden die Hörner.
(Siehe Zeichnung: konische Rolle, Seite 24.)

Arbeiten Sie Schneckenhaus und Körper aneinander, indem Sie die Ansatzstelle von Haus und Körper mit der Gabel anrauen, mit Schlicker bestreichen und die Teile fest zusammendrücken. Eventuell hervorquellenden Schlicker verstreichen Sie mit dem Modellierholz. Biegen Sie nun den Schneckenkopf hoch und formen Sie ihn zwischen Daumen und Zeigefinger vorne etwas spitz zu. Befestigen Sie die Hörner mit etwas Schlicker fest auf dem Kopf. Der Schneckenkörper sieht natürlicher und schwungvoller aus, wenn Sie ihn wie ein „S" verbiegen.
Zum Schluss befestigen Sie die Schnecke auf dem Blatt, indem Sie die Ansatzstellen der zusammenzusetzenden Teile aufrauen, mit Schlicker bestreichen und dabei fest andrücken.

Stechen Sie nun in den unteren Teil der Kugel ein Loch mit einem Durchmesser von einem guten Zentimeter, entweder mit einem Lochstecher oder einem Apfelausstecher. Falls Sie nicht über solche Werkzeuge verfügen, können Sie auch mit einem angespitzten Modellierholz oder Bleistift ein Loch bohren. Durch dieses Loch wird später der Stab zum Aufstellen gesteckt.

Auf der dem Loch genau gegenüberliegenden Seite, also oben, rauen Sie die Kugel an, schlickern und kleben das angeraute Blatt mit der Schnecke an.

Damit die Kugel beim Trocknen gut steht, formen Sie aus Papier einen Ring von ca. 6 cm Durchmesser und stellen Sie die Kugel zum Trocknen hinein. Decken Sie Schnecke und Blatt mit dünner Plastikfolie ab.
Nach 8-10 Tagen müsste die Kugel trocken sein, sie kann zum Schrühbrand gegeben werden.

Auch beim Einsetzen in den Ofen müssen Sie daran denken, dass die Kugel kippsicher steht und nicht umfällt. Setzen Sie sie deshalb auf einen großen Metalldreifuß.

4. Blumenkasten

Länge 45 cm, Breite 14 cm, Höhe 12 cm

Material:
- rotbrennender Ton 2510 (Schamotteanteil 25%, Körnung 0,5-1,0 mm)
- Ausstechförmchen

Anleitung:
Für das Bodenstück und die 4 Seitenflächen rollen Sie drei Tonplatten in der Größe von etwa 55 x 20 cm sowie eine in der Größe von etwa 20 x 40 cm mit einer Stärke von einem guten Zentimeter aus und lassen diese einige Stunden zum Trocknen liegen.

Für das Dekor rollen Sie eine kleinere dünne Tonplatte aus und decken diese mit Zeitung ab.

Man schneidet die Platten erst nach dem Antrocknen auf die gewünschte Größe zu, da sich die Kanten der Platten beim Antrocknen ohne Papierabdeckung leicht nach oben biegen. Beim späteren Zuschneiden werden die gebogenen Kanten abgeschnitten.

Sind die Platten lederhart, so können Sie sie auf folgende Größe mit einem spitzen Messer zuschneiden (bei diesen Maßen wurde ein Schwinden des Tons von 10% berücksichtigt):
- für den Boden: 50 x 16 cm
- für die beiden langen Seitenwände: zweimal 50 x 13 cm
- und für die beiden schmalen Seitenwände schneiden Sie aus

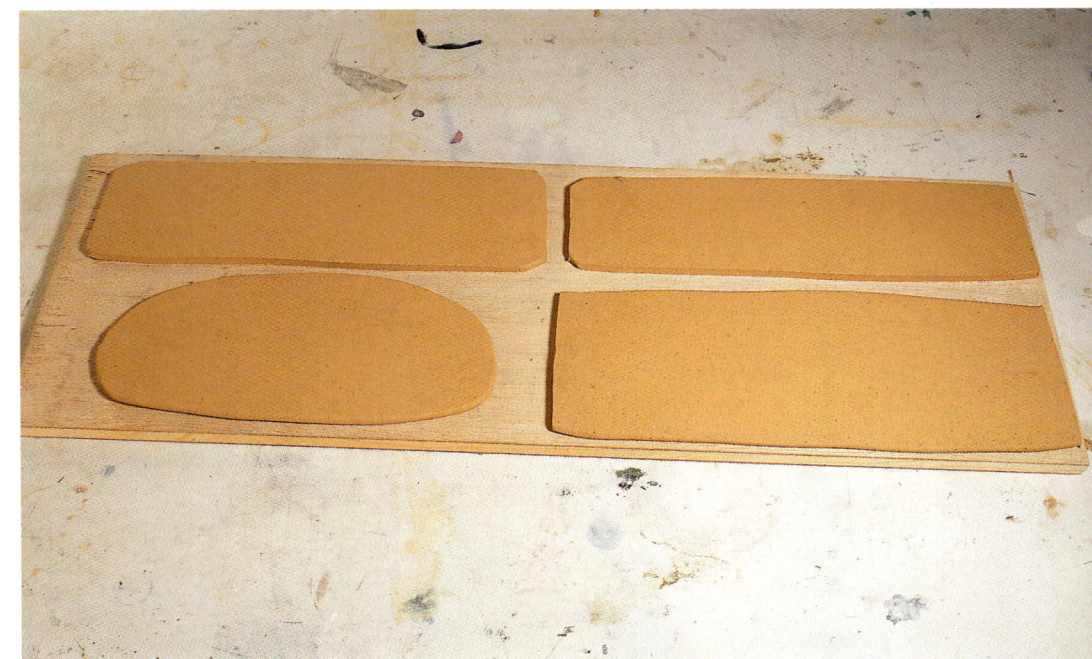

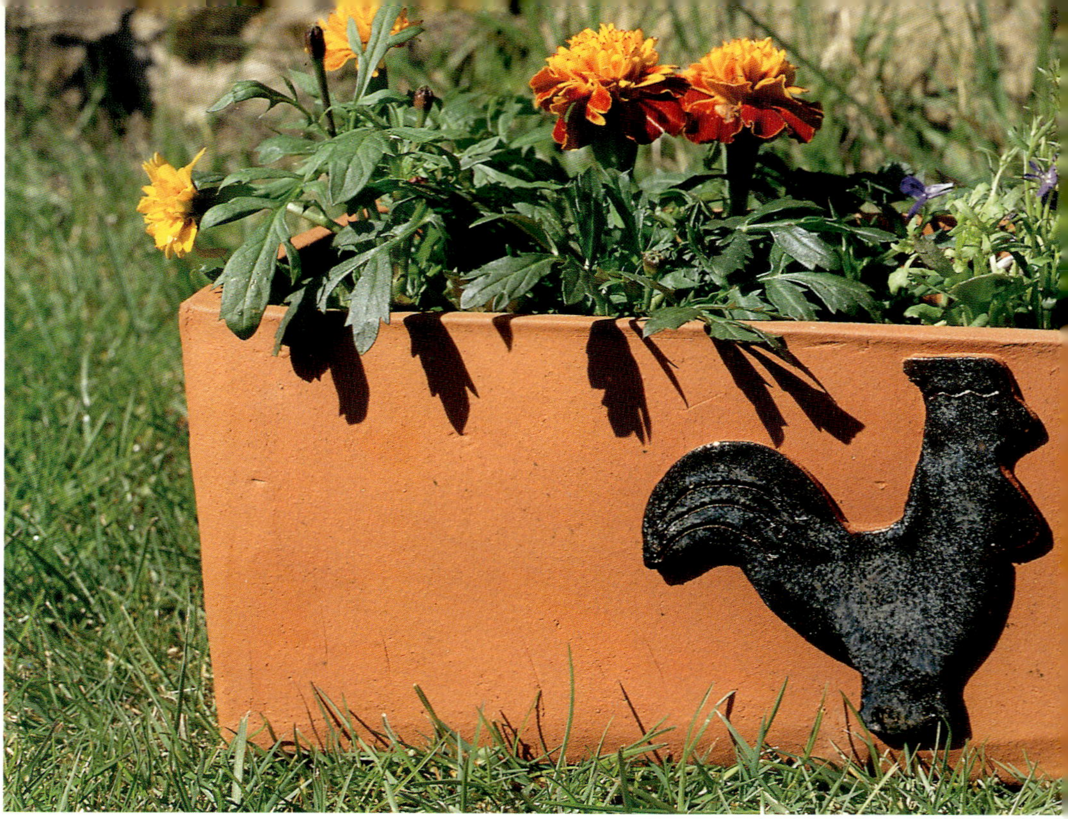

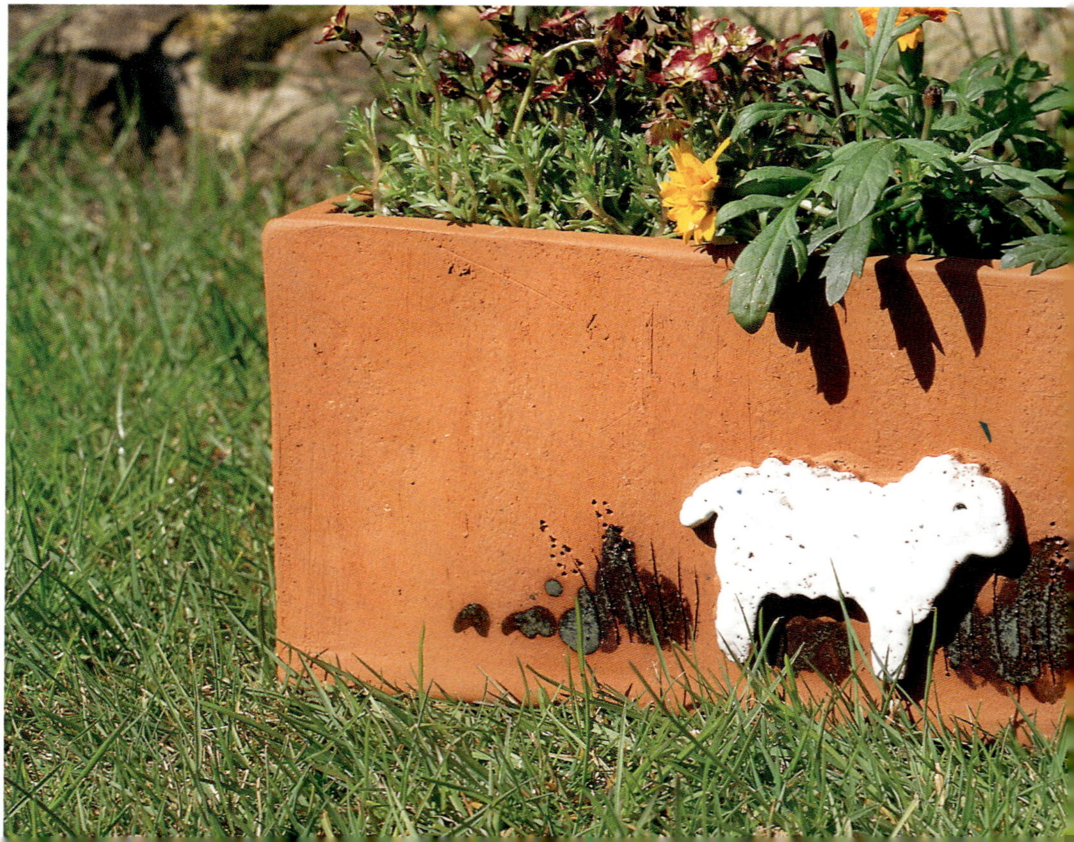

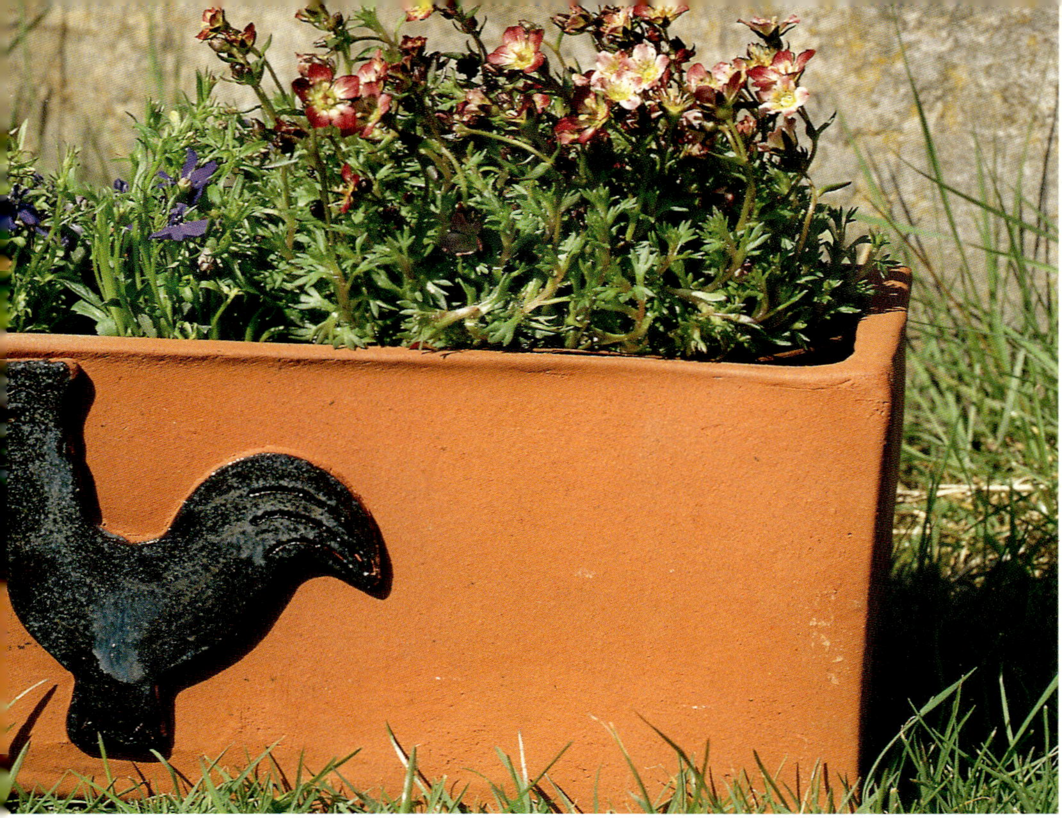

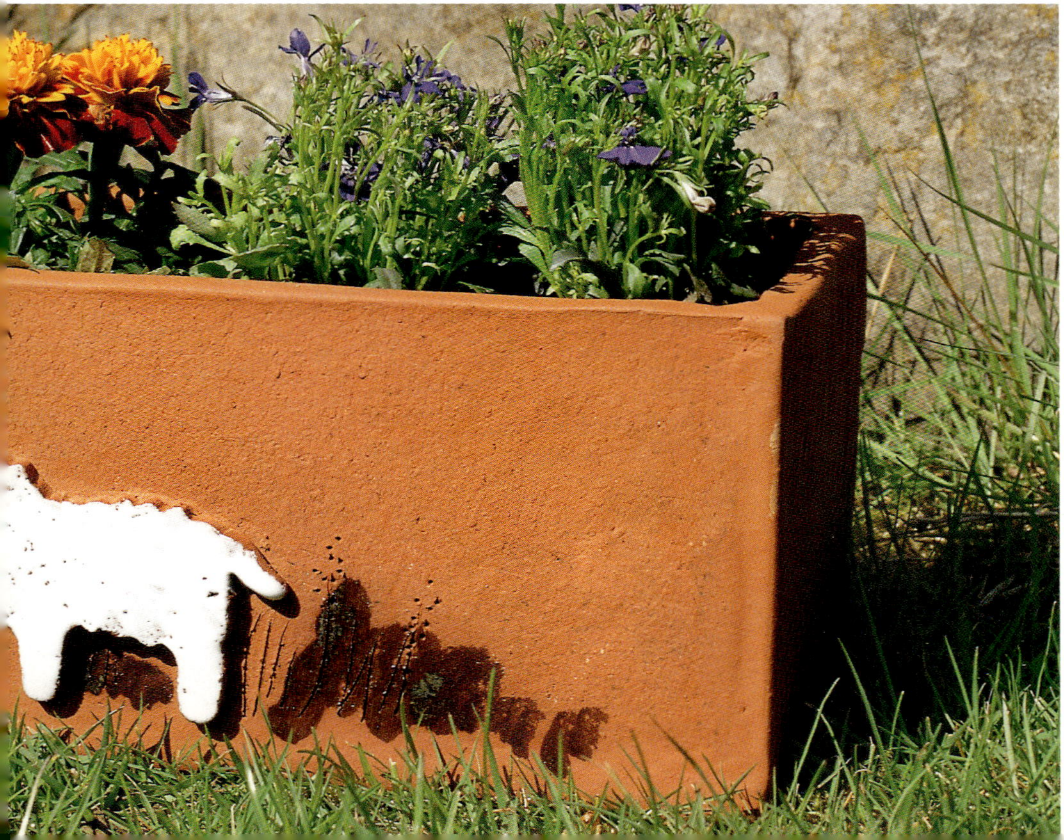

der 20 x 40 cm großen Platte 2 Platten der Größe 13,5 x 13 cm. Nehmen Sie zum Ausschneiden ein Maßband und einen Winkel zur Hilfe.

Aus der dünnen Tonplatte stechen Sie das gewünschte Motiv mit einem Ausstechförmchen aus. Rauen und schlickern Sie die Motivplatten auf einer Längsseite gut an.

Da die Wandungen auf die Bodenplatte gestellt werden, müssen alle 4 Wände unten angeraut werden. Die Bodenplatte wird auf der Oberseite ringsherum angeraut. Des Weiteren sind noch die aneinandertreffenden Kanten der Wände in den 4 Ecken anzurauen. Streichen Sie nun die Ansatzstellen des Bodens mit Schlicker ein und stellen Sie eine Längsseite mit leichtem Druck darauf. Kneten Sie in die Innenfuge eine dünne Tonrolle. Setzen Sie nun eine Schmalseite auf den Boden. Auch hier verkneten Sie die Innenfuge mit einem dünnen Tonröllchen. Die entstandene Eckverbindung drücken Sie fest an-

einander und verstreichen die Ecknaht ebenfalls mit einem dünnen Tonröllchen.

Stellen Sie die anderen Wände ebenso auf. Nachdem die letzte Wand eingebaut ist, glätten und verspachteln Sie die Außenfugen mit einem Modellierholz.

Wenn Sie mit der rechten Hand an der Innenseite eines Objektes arbeiten, sei es nun, dass Sie eine Fuge ausfüllen oder die Wand glätten, so geben Sie mit der linken Hand an der Außenseite der Wandung immer einen leichten Gegendruck, damit die Wandung sich nicht verformt.

Zum Trocknen decken Sie den Blumenkasten mit Zeitungspapier ab und stellen ihn an einen kühlen Ort. Kontrollieren Sie den Trocknungsprozess und stellen Sie das Werkstück auf eine trockene Pressspanplatte. Nach 2–3 Tagen drehen Sie es zum besseren Trocknen des Bodens um.

5. Brunnen

Material:

- ◆ schwarzbrennender Ton, Typ 2510, brennbar bis 1150 Grad C
- ◆ Flüssig-Glasur: Kosmos und Perlmutt
- ◆ Gipshalbkugel, 15 cm Durchmesser
- ◆ Gipstellerform, 35 cm Durchmesser,
- ◆ 1 kleine Pumpe
- ◆ ein Stück Aquariumschlauch

Anleitung:

Sie benötigen einen halben Tonhubel. Drücken Sie diesen mit den Händen von der Mitte zu den Außenkanten hin unter mehrmaligem Wenden flach. Mit dem Rollholz stellen Sie eine ca. 1,3 cm starke Tonplatte von 60 cm Durchmesser her. Ich habe die Platte nicht kreisrund ausgeschnitten, sondern sie so, wie sie sich ergeben hatte, verwendet. Legen Sie die Tonplatte mittig auf die Tellerform und biegen Sie eine 10–12 cm hohe Außenwand nach oben. Diese können Sie von innen mit Papier abstützen. Rollen und wellen Sie den abgestützen Rand. Decken Sie den Rand sorgfältig ab und stellen Sie den Brunnen zum langsamen Trocknen an einen kühlen Platz.

Die Halbkugel, unter die später die Pumpe gestellt wird, formen Sie in die Gipshalbschale ein (siehe Gartenkugel) und versehen sie im lederharten Zustand mit der Wasseraustrittsöffnung.

Zur Dekoration können Sie nun noch eine ganze Kugel oder eine Halbkugel in die Gipshalbschale formen. Nach dem vollständigen Trocknen werden die Teile geschrüht. Mit Schleifpapier wurden scharfe Kanten am Brunnenbecken abgeschmirgelt und anschließend mit der Glasur Kosmos glasiert. Die Ränder des Brunnens wurden zusätzlich noch mit einer Perlmuttglasur überzogen. Obwohl beide Glasuren vom Hersteller mit einem Temperaturbereich von 1000-1060 Grad C bezeichnet sind, habe ich sie bei 1140 Grad C gebrannt, da bei dieser Temperatur erst gewährleistet ist, dass der Ton absolut dicht ist. Sie entwickeln bei dieser hohen Temperatur ihr Farbspiel noch intensiver als beispielsweise bei 1050 Grad C.

Ich habe die Erfahrung gemacht, dass die meisten Glasuren, auch wenn sie für einen Brennbereich bis 1060 Grad C angegeben sind, höher gebrannt werden können.

6. Brunnen auf Fuß

Material:

◆ rotbrennender Ton, Typ 2510, für den Brunnen
◆ schwarzbrennender Ton 2505 für die Halbkugel
◆ Flüssig-Glasur: Chinabeige

Anleitung:

Die lederharte Wasserschale wurde hier auf das lederharte Brunnenunterteil montiert.

Doch zunächst schneiden Sie aus einer etwa 1 cm dicken Platte den Boden des Brunnens in der Größe von etwa 28 cm Durchmesser aus. Auch die Wandung fertigen Sie aus einer Platte der Größe 90 x 22 cm. Wenn die Teile leicht angetrocknet, jedoch nicht lederhart sind, setzen Sie die an der Unterkante angeraute Wandplatte auf die außen angeraute und geschlickerte Oberseite der Bodenplatte. Schließen Sie die Nahtstellen durch gründliches Verfugen. Decken Sie das Brunnenunterteil mit Zeitungspapier ab und arbeiten Sie die Wasserschale.

Dafür fertigen Sie eine runde Tonplatte mit einem Durchmesser von 52 cm. Der äußere Rand wurde mit kleinen aufgedrückten Tonteilchen dekoriert und an den äußeren Kanten geglättet. Legen Sie diese Platte nun in eine große Tellerform oder, wenn Sie keine Tellerform haben, biegen Sie den Tonrand hoch und stützen Sie ihn mit Papier oder einem gerollten Tuch ab. Wellen Sie den Rand ein wenig, bedenken Sie aber, dass der Rand hoch genug sein muss, damit später kein Wasser darüber laufen kann.

Lassen Sie beide Teile nun abgedeckt trocknen, bis sie lederhart sind, ca. 12-14 Stunden.

Nehmen Sie die lederharte Wasserschale und platzieren Sie diese mittig auf dem Brunnenunterteil. Nun stechen Sie ein spitzes Messer in die

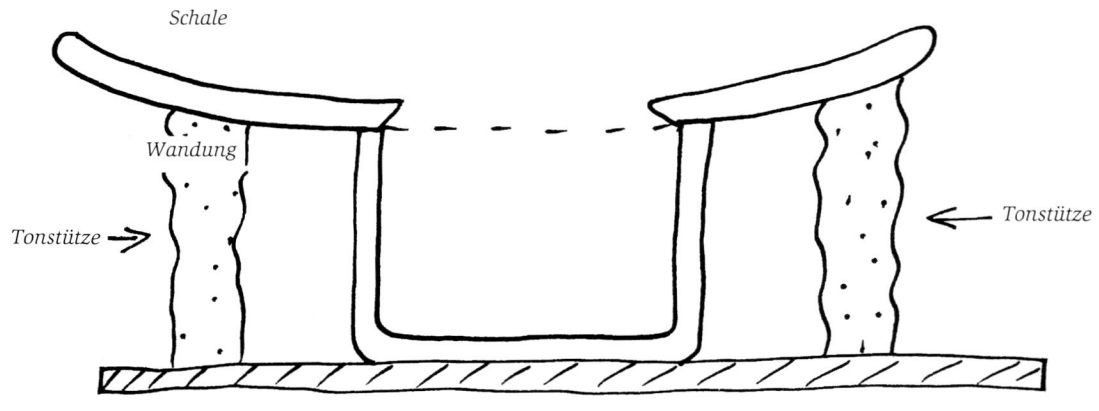

Schale

Wandung

Tonstütze →

← Tonstütze

Spanplatte

Mitte der Schale und ziehen es vorsichtig bis zur Wandung des Brunnens. Schneiden Sie nun so die Kreismitte heraus, dass die Schale gut auf dem Unterteil aufsitzt. Außen neben der Wandung stütze ich mit Tonstangen die Schalenform ab, damit sie nicht durchhängt.

Bevor Sie nun die Teile wieder auseinander nehmen, um sie anzurauen und zu schlickern, markieren Sie mit einer Kerbe Unterteil und Schale, das

erleichtert das passgenaue Zusammensetzen beider Teile.

Zur Verstärkung der Fuge und zum Ausfüllen von Lücken arbeiten Sie plastische Tonröllchen sowohl von innen als auch von der Außenseite in die Verbindung ein.

Die Brunnenwandung können Sie durch Einritzen einer Linie mit einem Modellierholz oder durch Abschaben mit einer Schlinge gestalten.

Decken Sie den Brunnenrand gut ab und lassen Sie ihn langsam trocknen. Das Brunnenoberteil, die Halbkugel, aus der das Wasser fließt, stellen Sie in einer Gipshalbkugelform von etwa 18 cm Durchmesser her oder formen es aus der Hand, wie in dem Kapitel Daumendrucktechnik auf Seite 55 beschrieben. Mit einem Lochstecher, einem Apfelausstecher oder einfach einem runden Holzstab stechen Sie die Öffnung für das Wasser.

Sie muss so groß sein, dass der Schlauch nach dem Brennen hindurch passt, d. h. der Durchmesser der Öffnung muss größer als der Schlauchdurchmesser sein.

Am unteren Rand der Halbkugel sind in gleichmäßigen Abständen mit dem Finger kleine Einbuchtungen für den Wasserrücklauf und das Pumpenkabel eingedrückt.

Halbkugel

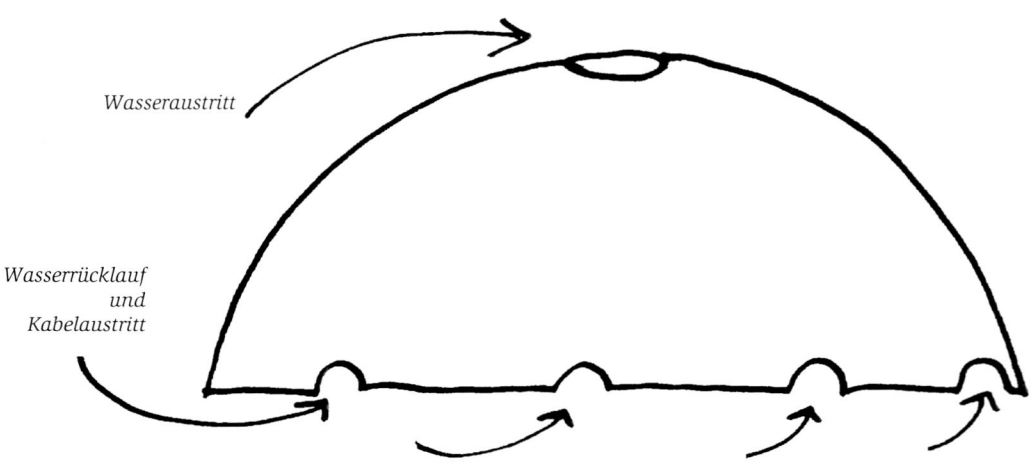

Wasseraustritt

*Wasserrücklauf
und
Kabelaustritt*

48

Die Aufbautechnik

In der Aufbautechnik unterscheidet man nach der Art der verwendeten Baueinheiten zwischen der Wulst- und der Stegtechnik.

Mit dieser Technik lassen sich Tongefäße oder -objekte in jeder Größe herstellen. Einzig und allein die Größe des Brennofens bestimmt die maximale Objektgröße.

Kleine Objekte lassen sich in einem Arbeitsgang herstellen, größere Formen sollten jedoch in Phasen aufgebaut werden. Verwenden Sie bei Gefäßen, die einen Durchmesser von mehr als 30 cm und eine Höhe von mehr als 30 cm haben, stärker schamottierten Ton, z. B. die Sorte 2510. Zylindrische Formen der o.a. Größe lassen sich gefahrlos in einem Arbeitsgang aufbauen, ohne dass sie zusammensacken.

Will man höhere Objekte aufbauen, muss man die Bodenpartie etwas antrocknen lassen (nicht aber völlig austrocknen lassen), bevor man weiter aufbaut. Der Ton am oberen Rand muss dabei mit einer dünnen Plastikfolie abgedeckt werden, damit er feucht bleibt.

Während Sie bei der Wulsttechnik gleichmäßig starke Tonwülste zum Aufbauen verwenden, benötigen Sie bei der Stegtechnik flachgeklopfte Tonwülste, also Tonstege.

Einen Tonsteg stellen Sie so her: Zuerst formen Sie mit der Hand eine grobe dicke Wulstform und rollen diese auf einer Pressspanplatte vor und zurück. Beim Rollen gehen die Hände von der Mitte aus getrennt nach links und rechts zum jeweiligen Wulstende. Mit der Handkante wird der Wulst zu einem Steg geschlagen. Die Stegdicke sollte einen guten Zentimeter betragen. Um den Steg gleichmäßig zu erhalten, kann man mit dem Rollholz auch ein paarmal vorsichtig von der Mitte aus zu den Enden darüber rollen.

Anwendungsbeispiele

1. Blumenübertopf

Höhe 20 cm, Durchmesser 26 cm

Die Wandstärke bestimmt entscheidend das Aussehen eines Gefäßes. Zierliches Aussehen wird selten durch eine dicke Wandung erreicht. Deshalb neigen auch die meisten Anfänger dazu, die Wandstärke zu dünn auszuarbeiten. Zu dünne Stege können allerdings – gerade bei größeren Formen – das Gewicht der Wand nicht tragen. Solche Gefäße sacken leicht in sich zusammen. Die Wandungen sollten im Ganzen möglichst gleichmäßig ausfallen, auch sollte der Boden nicht stärker als die Wandung sein. Bei dem gezeigten Blumentopf beträgt die Wandstärke ca. 1 cm

Material:
◆ rotbrennender Ton, Typ 2510
◆ Flüssig-Glasur: Aquarius (Grün)

Anleitung:
Für den Boden schneiden Sie ein etwa 4 cm dickes Tonstück ab, klopfen es flach und rollen es einen guten Zentimeter dick aus. Schneiden Sie die Platte rund, der Durchmesser sollte ungefähr 30 cm betragen.
Für die Wandung benötigen Sie eine 90 cm lange Wulst und 2 Stege.
Für einen Steg nehmen Sie ein etwa 6 cm dickes Tonstück, formen es zu einer Wulst und klopfen es wie oben beschrieben zu einem ca.
90 cm langen Steg.

Falls Sie für das Ausrollen der Wülste keine Pressspanplatte in der entsprechenden Größe haben, können Sie die Wülste auch auf Zeitungspapier oder einem glatten Baumwolltuch ausrollen.
Da die Steglänge dem Umfang des Gefäßes entsprechen soll, müssen Sie unbedingt in dieser Länge die Stege herstellen. Sind die Stege zu kurz, muss man Stücke einflicken, was wiederum ein Risikofaktor ist und eventuell zur Rissbildung führen kann. Die Höhe der Stege beträgt ungefähr 5–7 cm.

Legen Sie nun die Bodenplatte auf eine Pressspanunterlage und rauen Sie die Platte auf der Oberseite an den Außenkanten rundherum auf. Streichen Sie die angerauten Stellen mit Schlicker an.

Legen Sie nun die ebenfalls angeraute Tonwulst auf den Boden. Drücken Sie die Wulst fest auf den Boden und ziehen Sie den Ton der Wulst mit dem Daumen bis auf die Bodenplatte hinunter, sodass sich die Wulst mit dem Boden gut verbindet. Die erste Tonwulst sollte die dickste sein, denn sie verbindet den Boden mit der Gefäßwand und dient als Fundament.

Formen Sie diese Wulst nun stegförmig. Beachten Sie aber die Wandstärke von mindestens einem Zentimeter. Der so entstandene Tonring wird an der Nahtstelle der sich

berührenden Enden ebenfalls angeraut und mit einem Tonröllchen verfugt. Die Fugen sind bei allen Objekten Schwachpunkte - hier kann man gar nicht sorgfältig genug arbeiten. Mit einem spitzen Messer schneiden Sie nun die gerundete Wulstoberkante gerade ab. Das ist notwendig, damit der nächstfolgende Steg eine möglichst breite Auflage hat. Schneiden Sie von den Stegen ebenfalls entlang der Längsseiten die gerundeten Kanten ab und rauen Sie diese mit der Gabel auf.

Unter Anrauen und Schlickern setzen Sie die Stege aufeinander. Verfugen Sie die Nahtstellen sowohl innen als auch außen mit einem Tonröllchen. Beim Verarbeiten von plastischem Ton muss man immer daran denken, wie empfindlich der Ton auf jede Berührung reagiert. Stützen Sie deshalb immer den Ton von der Gegenseite mit der Hand ab, d.h. wenn Sie innen eine Naht verfugen, so halten Sie außen die andere Hand stützend dagegen.

Als Abschluss wurde ein geflochtener Rand aufgearbeitet. Stellen Sie dazu zwei Tonwülste in einer Stärke von etwa 1,5 cm und in einer Länge von einem Meter her. Von der Mitte zu beiden Enden hin verschlingen Sie nun diese Tonwülste miteinander. Rauen und schlickern Sie den oberen Rand sowie das Geflecht, und setzen Sie das Geflecht auf. Versäubern Sie herausquellenden Schlicker mit dem Modellierholz.

Stellen Sie den Topf zum Trocknen, abgedeckt mit einer Lage Zeitungspapier, in das unterste Regalfach. Wenn der Topf angetrocknet ist, können Sie ihn zum weiteren Trocknen auf den Kopf stellen.

Nach ca. 10 Tagen kann der Topf geschrüht werden.

2. Leuchtturm

Höhe 43 cm, Durchmesser 11 cm

Material:
◆ weißbrennender Ton, Typ 2505
◆ Flüssig-Glasur: Dunkelblau und
  Weiß

Anleitung:
Stellen Sie eine Tonplatte mit einem
Durchmesser von 13 cm her. Rauen
Sie die Außenkante der Plattenober-
seite an. Rollen Sie nun Tonwülste
mit einem Durchmesser von ca. 5
cm aus und klopfen Sie diese zu fla-
chen Stegen (1 cm). Der längste Steg
sollte 42 cm lang sein, die folgenden
werden kürzer, da sich der Turm
nach oben konisch verjüngt.
Rauen Sie nun den 42 cm langen
Steg an seiner unteren Kante mit der
Gabel auf und setzen Sie ihn auf den
Boden. Verstreichen Sie die Fuge
zwischen Boden und Steg mit einem
Tonröllchen innen und außen. Setzen Sie die folgenden Stege so aufeinander, dass der Turm sich nach
oben leicht verjüngt, d.h. die Tonstege werden immer kürzer. Wenn
Sie eine Höhe von ca. 38 cm erreicht
haben, arbeiten Sie eine Tonplatte,
deren Durchmesser etwa 2 cm
größer sein sollte, als der letzte Steg-
ring unter Anrauen und Schlickern
darauf.
Der Steg für die Fensterpartie ist etwa 22–25 cm lang und wird nun
obenauf gearbeitet. Zum Schluss formen Sie aus einer Tonkugel das
Dach für den Leuchtturm.
Glätten Sie nun die Außenseite und
falls der Turm etwas schief geraten
sein sollte, können Sie ihn durch

vorsichtiges Drücken begradigen. Mit einem Modellierhölzchen ziehen Sie die Querlinien für den Farbwechsel. Wenn der Ton etwas angetrocknet ist, schneiden Sie die Fenster und die Öffnung für das Teelicht mit einem spitzen Messer heraus. Nach dem Schrühbrand wird der Leuchtturm glasiert. Tragen Sie die Glasur nicht zu dick auf, damit nicht evtl. herunterlaufende Glasurnasen die klare Aufteilung der Farbfelder zerstören.

Die Daumendrucktechnik

Das Formen aus einem vollen Stück Ton

Dieses ist die einfachste Methode, um aus einem Stückchen Ton ein kleines Gefäß herzustellen.

Aus weichem Ton wird eine feste, runde, faustgroße Kugel geformt, die bequem in der Hand liegt. Die Tonkugel wird in einer Hand gehalten und dabei gedreht, während sich der Daumen der anderen Hand von oben in die Kugel hineindrückt, wobei die Finger seitlich vorsichtig dagegen drücken. Bohren Sie den Daumen nicht ganz tief hinein, sondern lassen Sie etwa einen Zentimeter Ton für den Boden stehen. Der Daumen hat die Funktion einer Achse, um die die vier Finger den Ton unter Drehen hochdrücken. Den Vorgang des Dre-

hens und Drückens wiederholt man so lange, bis man eine einheitliche Wandstärke erreicht hat.

Das muss alles relativ zügig erfolgen, weil der Ton durch die Handwärme und die Luft schnell austrocknet und brüchig wird, bevor die endgültige Form erreicht ist.

Zum Schluss erst formen Sie den Rand, wobei man vielfältige Möglichkeiten hat, denn solche Formen lassen sich entweder weit öffnen (Zeichnung 2) oder auch eng schließen (Zeichnung 3). Der Rand lässt sich wellig und dünn nach außen formen, nach innen biegen oder auch gerade abschließen (Zeichnung 1).

Formen aus der Kugel

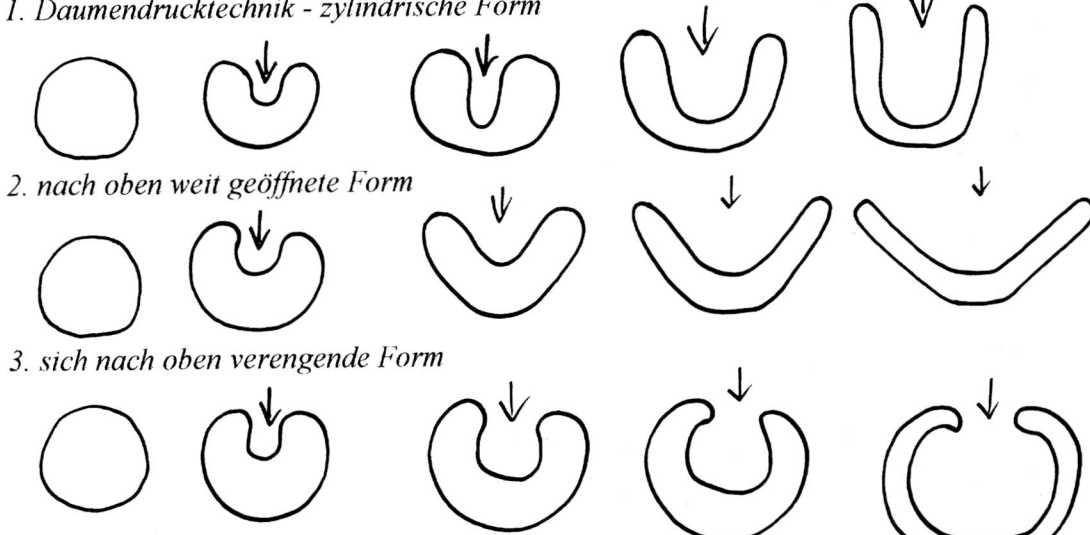

1. Daumendrucktechnik - zylindrische Form

2. nach oben weit geöffnete Form

3. sich nach oben verengende Form

Anwendungsbeispiele

1. Blumenmädchen

verschiedene Größen von 6 bis 20 cm

Falls Sie vorher mit rot- oder schwarzbrennendem Ton getöpfert haben, sollten Sie Ihre Werkzeuge und die Unterlage gut reinigen, damit keine andersfarbigen Tonspuren auf dem weißen Ton zurückbleiben, denn die Blumenmädchen werden transparent glasiert, d.h. Rückstände anderer Tonfarben werden durch die Glasur nicht verdeckt.

Material:
◆ weißbrennender Ton 2505
◆ Unterglasurfarben
◆ Flüssig-Transparentglasur

Anleitung:
Formen Sie aus einem Stück Ton den Körper des Blumenmädchens in der Daumendrucktechnik. Eventuelle Risse glätten Sie mit dem Finger. Den Kopf formen Sie aus einer runden Kugel und die Arme aus einer dünnen Tonwulst. Rauen und schlickern Sie die Teile gut an. Stechen Sie nun von oben nach unten mit einem Holzstäbchen durch die Kopfkugel und den Körper. Für die Haare wurde etwas angetrockneter Schlicker verwendet. Ein dünnes Tonröllchen als Blumenkranz sitzt auf dem Schlicker. Auf das Armwülstchen können Sie in Höhe der Hände Blätter und Blumen dekorieren.

Blätter können Sie aus kleinen runden Tonkugeln formen, indem Sie mit Daumen und Zeigefinger der lin-ken Hand die Kugel festhalten, während Sie mit dem Zeigefinger der rechten Hand die Kugel flachdrücken.

Eine Rose arbeiten Sie aus einer langen dünnen Tonwulst, die Sie zum Steg flachklopfen und aufrollen. *Hierbei müssen Sie zügig arbeiten, denn die kleinen Tonstückchen trocknen schnell aus und lassen sich dann nicht mehr gut verarbeiten.*

Wenn Sie Ihrem Blumenmädchen eine Schürze „anziehen" möchten, so rollen Sie den Ton dafür ganz dünn aus, schneiden die Schürzenform aus und schlickern sie an den Körper, bevor Sie die Armwulst anbringen.

Lassen Sie die Blumenmädchen unter Zeitungspapier trocknen und geben Sie sie – wenn sie völlig trocken sind – in den Schrühbrand.
Nach dem Schrühbrand schmirgeln Sie die Unebenheiten mit Schleifpapier ab.

Mit einem Haarpinsel Nr. 3 bemalen Sie die Figur mit Unterglasurfarben und glasieren sie anschließend mit einer Flüssig-Transparentglasur. Nun kann Ihr Werkstück in den Glasurbrand.

2. Vogelscheuchen

Diese Vogelscheuchen bestehen jeweils aus 2 einzeln geformten Teilen, nämlich dem Kopf mit Hals und dem Hut.

Material:
◆ rotbrennender Ton, Typ 2505
◆ verschiedene Flüssig-Glasurreste

Anleitung:
Formen Sie eine runde glatte Kugel aus einem Stück Ton, öffnen Sie diese mit dem Daumen und drücken Sie von innen unter Drehen die Kopfwölbung heraus. Quetschen Sie den Ton an der Öffnung zwischen Daumen und Zeigefinger hoch, sodass der Hals entsteht. Stechen Sie mit dem Holzstäbchen drei Löcher für Augen und Nase ganz durch. Für die Nase formen Sie eine kleine Kugel, die Sie mit Daumen und Zeigefinger anspitzen, mit Schlicker bestreichen und in die Nasenöffnung drücken.

Arbeiten Sie den Hut ebenfalls aus einer Kugel, die Sie auf Ihre Arbeitsplatte legen und rundherum flach drücken. Den Ton in der Mitte ziehen Sie zur Spitze nach oben. Rauen Sie Hut und Kopf an den Berührungsstellen an, streichen Sie sie mit Schlicker ein und pressen Sie beide Teile aneinander. Zum Schluss stechen Sie mit einem Rundholz oder einem runden Modellierholz von unten, also von der Halsöffnung, vorsichtig ein Loch bis in die Hutspitze.
Damit sich die Hutränder nicht verformen, legt man den mit Zeitungspapier abgedeckten Kopf auf zusam-

mengeknülltes Küchenkrepp zum langsamen Trocknen.
Nach dem Brand stecken Sie den Kopf auf einen Körper aus stabilen Ästen oder Rundhölzern. Ein Körper aus Stroh und ein Stück Stoff als Gewand machen die Vogelscheuche komplett.

Die Relieftechnik

Ein Relief ist ein plastisch gestaltetes Objekt auf einer damit fest verbundenen Hintergrundfläche.

In dieser Arbeitsmethode entstanden Sonne und Mond.

Anwendungsbeispiel

1. Sonne und Mond

Material:
◆ rotbrennender Ton, Typ 2505

Anleitung für die Sonne (den Mond arbeiten Sie auch in dieser Technik): Fertigen Sie zunächst für die Sonnenstrahlen eine Papierschablone an. Legen Sie diese auf eine ca. 1 cm

starke Tonplatte im Durchmesser von 30 cm und schneiden Sie die Sonnenstrahlen aus. Glätten Sie scharfe Kanten mit dem Finger. Legen Sie einige Stücke zerknülltes Küchenkrepp unter die Mitte der Platte, damit sich schon eine Wölbung für das Gesicht ergibt.

Eine genaue Anleitung, wie man nun weiterarbeiten sollte, kann man ab diesem Punkt nun nicht mehr geben. Zeichnen Sie jedoch die Konturen mit einem Holzstäbchen vor. Für Stirn, Augen, Nase, Wangen, Mund und Kinn nehmen Sie kleine Tonstückchen und rauen und schlickern diese Partien auf den entsprechenden Stellen fest. Schicht für Schicht tragen Sie nun weichen Ton bis zur Vollendung des Reliefs auf. Dabei bekommen die einzelnen Gesichtspartien unterschiedliche Höhen. Die Nasenspitze tritt am weitesten hervor, danach Stirn und Wangen. Die Augen liegen mit dem Mund auf einer Höhe. Ist die Sonne lederhart, so drehen Sie sie herum und höhlen sie mit der Modellierschlinge von der Rückseite her vorsichtig aus, sodass Sie eine einigermaßen gleichmäßige Wandung erhalten. Arbeiten Sie dabei gleichzeitig eine Aufhängevorrichtung mit ein. Lassen Sie die Sonne unter Papier trocknen.

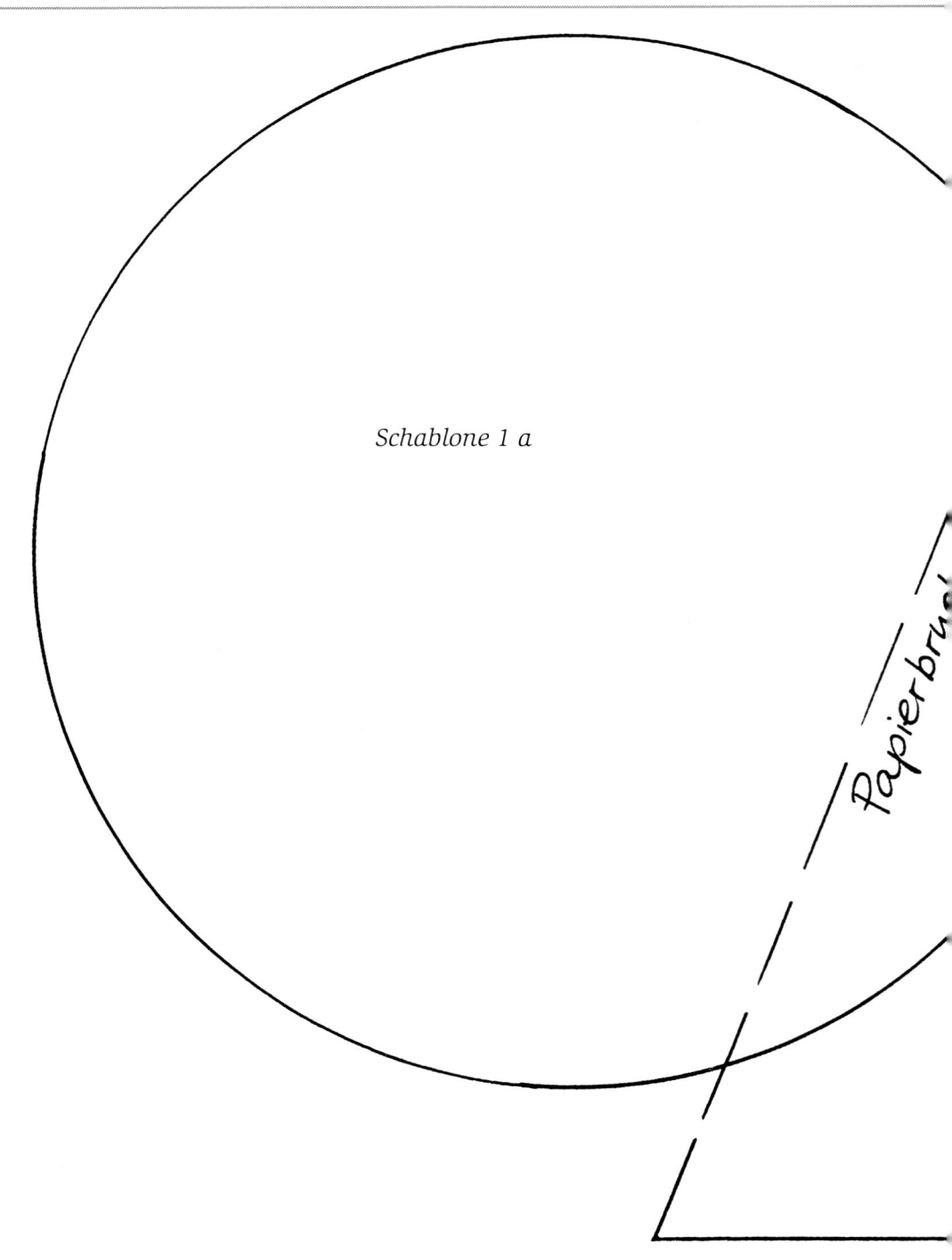

Schablone 1 a

Papierbruch

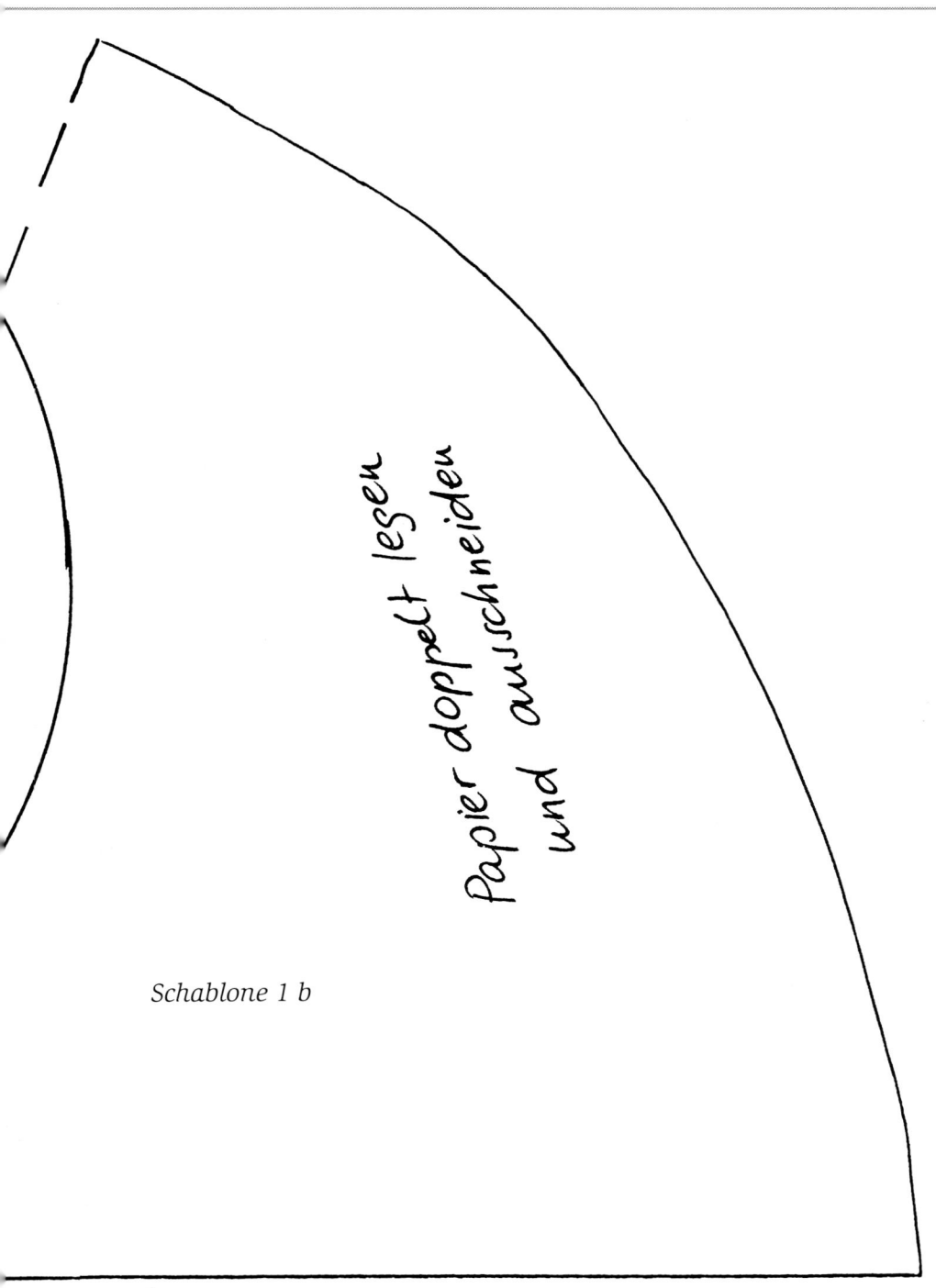

Papier doppelt lesen
und ausschneiden

Schablone 1 b